ÉTUDES DE PHILOSOPHIE NATURELLE
2ᵐᵉ SÉRIE : Nᵒ 4

LA
MÉCANIQUE DE L'ESPRIT
PAR LA
TRIGONOMÉTRIE

PAR

J.-ÉMILE FILACHOU

Docteur ès-Lettres.

Καινὰ πάντα.
Αποκ. κά.

MONTPELLIER
TYPOGRAPHIE ET LITHOGRAPHIE DE BOEHM ET FILS
PLACE DE L'OBSERVATOIRE.
1875

En Vente chez SEGUIN, Libraire
rue Argenterie, 25, à Montpellier

OUVRAGES DU MÊME AUTEUR

Examen de la rationalité de la Doctrine Catholique. 1 vol. in-8°. 1849.
La clef de la Philosophie, ou la vérité sur l'Être et le Devenir. 1 vol. in-8°. 1851.
Traité des Facultés. 1 vol. in-8°. 1859.
De Categoriis. Dissertatio philosophica, 1 vol. in-8°. 1859.
Principes fondamentaux de Philosophie mathématique. 1 vol. in-8°. 1860.
De la pluralité des mondes. 1 vol. in-12. 1861.
Traité des Actes, Sommaire de Métaphysique. 1 vol. in-12. 1862.

ÉTUDES DE PHILOSOPHIE NATURELLE.

N° 1. Système des trois règnes de la nature. 1 vol. in-12. 1864.
N° 2. Réponse directe à M. Renan, ou démonstration philosophique de l'incarnation. 1 vol. in-12. 1864.
N° 3. De l'expérience de Monge au double point de vue expérimental et rationnel. 1 vol. in-12. 1869 (3° édition).
N° 4. De l'ordre et du mode de décomposition de la lumière par les prismes. 1 vol. in-12. 1870.
N° 5. De l'ordre et du mode de décomposition de la lumière par les prismes ; Nouvelles preuves à l'appui. 1 vol. in-12. 1872.
N° 6. Sens et rationalité du dogme eucharistique. 1 vol. in-12. 1872.
N° 7. Démonstration psychologique et expérimentale de l'existence de Dieu. 1 vol. in-12. 1873.
N° 8. De l'ordre et du mode de décomposition de la lumière par les bords minces. 1 vol. in-12.
N° 9. Le système du monde en quatre mots. 1 vol. in-12.
N° 10. Classification raisonnée des Sciences naturelles. 1 vol. in-12.

2° SÉRIE : N° 1. La mécanique de l'esprit conforme aux principes de la classification rationnelle. 1 vol. in-12.
N° 2. Organisation et unification des sciences naturelles. 1 vol. in-12.
N° 3. L'Histoire naturelle éclairée par la théorie des axes (avec planche). 1 vol. in-12.

Montpellier. — Typogr. BOEHM et FILS.

ÉTUDES DE PHILOSOPHIE NATURELLE
2me Série : N° 4

LA

MÉCANIQUE DE L'ESPRIT

PAR

LA TRIGONOMÉTRIE

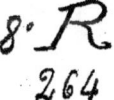

POUR PARAITRE PROCHAINEMENT :

(2me SÉRIE.)

N° 5. La Classification rationnelle et le Calcul infinité-
simal. 1 vol. in-12.

N° 6. La Classification rationnelle et la Phénoménologie
transcendante. 1 vol. in-12.

N° 7. La Classification rationnelle et la Géologie. 1 vol.
in-12.

ÉTUDES DE PHILOSOPHIE NATURELLE
2me SÉRIE : No 4

LA
MÉCANIQUE DE L'ESPRIT
PAR LA
TRIGONOMÉTRIE

PAR

J.-ÉMILE FILACHOU
Docteur ès-Lettres.

Καινὰ πάντα.
Αποκ. κά.

MONTPELLIER
TYPOGRAPHIE ET LITHOGRAPHIE DE BOEHM ET FILS
PLACE DE L'OBSERVATOIRE.
1875

AVANT-PROPOS

M. le Professeur Drobisch, tout en promouvant de toutes ses forces le système Herbartien et lui prêtant le secours de sa puissante analyse, en sentait l'insuffisance ou les défauts, et ne craignait pas de dire, pour encourager dans cette étude ses propres disciples, que leurs succès en cela leur viendraient moins de l'analyse ou de la science du calcul, que d'une simple hypothèse ou plutôt d'une idée lumineuse qui, s'offrant soudainement à leur esprit comme survint à Newton l'idée de l'attraction terrestre, suffirait pour aplanir sous leurs pas toutes les difficultés. Cette idée-là, que l'éminent Professeur pressentait sans pouvoir la formuler, nous la donnons aujourd'hui; sauf erreur, nous venons dire le mot de l'énigme; et, si nous parlons ainsi, ce n'est pas par vanité, mais parce que, sans cette franchise, on ne le croirait ou ne nous comprendrait peut-être pas encore. Il y a des cas où l'on doit, comme on dit, mettre les points sur les *i*. Ce qu'on nous a toujours reproché, à tort ou à raison, c'est d'être obscur; et par suite de cela, très-probablement, la critique nous a refusé le blâme aussi bien que la louange. A présent que nous avons lâché le mot, elle peut dire, s'il lui plaît, qu'il est bien ambitieux, mais elle devra prouver en même temps qu'il n'est pas justifiable : sinon, il restera peut-être un acte de courage et d'abnégation.

Nous n'avons pu travailler trente ans à chercher et à formuler les idées ici développées, par vanité, mais seulement par besoin de comprendre et de savoir; car un tel mobile — *tous autres manquant* — pouvait seul nous soutenir et nous inspirer la persévérance. Les hommes de sens le croiront sans peine, mais ils comprendront aussi qu'il nous serait naturellement bien agréable d'apprendre, par leur approbation, que nous n'avons pas travaillé si longtemps en vain.

Cassagnoles, le 27 novembre 1874.

LA
MÉCANIQUE DE L'ESPRIT

PAR

LA TRIGONOMÉTRIE.

1. Non le titre seul, mais l'*idée-mère* de cet écrit, est une nouveauté. Notre précurseur et modèle Herbart, s'essayant à fonder la psychologie sur le calcul, a commencé par l'exclure formellement. Voici comment il s'exprime dans sa *Psychologie comme science* (I, 156) :

« Nous n'avons point ici de composition ni de décomposition de forces dans l'espace ; *nous n'avons point d'angles, partant point de sinus, ni de cosinus, ni de mouvement tournant* ; nous n'avons point d'espace infini, mais tout le mouvement des représentations est compris entre deux points fixes, qui sont ceux d'empêchement entier, d'empêchement nul ; nous n'avons point, enfin, de mouvement continu de mobiles, et, partant, point d'accélération analogue à celle de la mécanique du corps, car tout le mouvement instantané d'une représentation est l'immédiat résultat des forces impulsives [1]. »

On voit par ce passage que, fondant ou du moins inaugurant la Mécanique de l'Esprit, le célèbre philosophe allemand croyait sérieusement devoir exclure *à priori*, du domaine de cette science, tous les mouvements psychiques : *oscillatoire, circulaire, elliptique* et *parabolique*, pour s'en tenir au seul emploi du mouvement

---

[1] « Wir haben hier keine räumliche Zusammensetsung und Zerlegung der Kräfte ; wir haben keine Winkel, also keine Sinus und Cosinus, und keine drehende Bewegung; wir haben keinen unendlichen Raum, sondern alle Bewegung der Vorstellungen ist zwischen zvey vesten Puncten eingeschlossen, ihrem völliggehemmten und ihrem völligungehemmten Zustande; wir haben endlich gar kein beharrliches Fortgehen des Bewegten, folglich auch keine ähnliche Beschleunigung, wie in der Mechanik der Körper, denn jede augenblickliche Bewegung einer Vorstellung ist das ummittelbare Resultat der treibenden Kräfte. »

hyperbolique. Mais, dans cette manière de voir, il créait du premier coup un abîme infranchissable entre les deux mondes physique et psychique ; et, pour démontrer sur ce point son erreur, nous nous contenterons de faire valoir ici les raisons suivantes, qu'il serait aisé de multiplier ou d'étendre.

1° Toute force *explicite* existe sous forme *intelligible* ou *virtuelle* et non *sensible* ou *matérielle*, puisque le caractère incontesté de toute matière est l'inertie. Or, sous forme *intelligible*, la force est *extensive* et fonctionne par manière de grandeur *linéaire* ou *plane* ou *solide* ; sous forme *virtuelle*, elle est *intensive* et fonctionne par manière de vitesse soit *uniforme*, soit *uniformément variée*, soit *diversement variée* : toutes choses objectivement aussi distinctes et patentes que le jour et la nuit. Herbart, excluant *à priori* la plupart de ces formes, se condamnait par là-même à ne faire que des calculs imaginaires, ou bien à ne décrire que des changements absolus, dénués de tout rapport avec le dehors ; et, par suite, il s'interdisait totalement la faculté d'expliquer ce dehors, dont pourtant les causes ne sont pas moins intéressantes à connaître que celles du dedans.

2° Il est conforme aux principes métaphysiques de Herbart, et très-aisément démontrable d'ailleurs, qu'aucu ne force *absolue* ne peut agir seule au dehors, mais implique pour cela le concours latent ou patent de forces auxiliaires, qui sont à son égard comme multiplicateur à multiplicande. Or, *mécaniquement* envisagées, toutes forces simplement auxiliaires distinctes ne sont concevables que sous forme d'activités *transversalement* appliquées à la première ou principale, censée *longitudinale*, quand elles en détournent le cours ou modifient la fonction. Donc la notion d'*angle* fait nécessairement partie de toute Mécanique, même psychologique.

3° Enfin, dans la manière de voir de Herbart, tout le jeu des forces psychiques, manquant objectivement de direction apparente dans la conscience des êtres représentants, y reste constamment implicite ; et par conséquent toutes les *représentations* elles-mêmes y devraient rester indistinctes ou confuses, comme y restent effectivement (par défaut d'*ouverture angulaire*) indistinctes ou confuses les mille sensations (conformes ou contraires) sous-tendantes des sentiments de *plaisir* ou de *douleur*, etc. Or les faits sont évidemment opposés à cette conséquence. Donc elle est fausse, et les principes en sont faux également.

2. Herbart, fondant sa psychologie mathématique sur la scission absolue des deux mondes psychique et physique, ne pouvait ne pas échouer, parce qu'il devait alors forcément aborder son sujet sans principes absolus dirigeants et ne pouvait procéder que de fantaisie. Convaincu de l'identité radicale ou finale de ces deux mondes, nous ne l'imiterons donc pas et suivrons une autre route ; profitant, pour cela, de nos études expérimentales ou rationnelles précédentes, et recueillant tout ce qu'elles ont pu nous livrer de clair et de certain sur tous les divers modes d'activité possibles ou réels, nous prendrons pour thème ou sujet de nos études actuelles les aperçus suivants :

1° Rien ne s'innove *absolument* dans l'univers, rien ne finit de même sans retour, mais le cours dés choses est éternel [1] ; et, quand l'une commence, une autre suit, une troisième termine. Ainsi, tout *est* et *devient* simultanément, mais aussi distinctement, et par suite encore successivement.

2° Ce qui commence, est un acte de liberté : le premier. Ce qui suit, est un autre acte de liberté : le second. Ce qui termine, est un autre acte de liberté : le troisième. Et ces trois actes de liberté consécutifs, subordonnés, hiérarchiques, sont entre eux comme les trois Actes respectivement absolus *divin*, *angélique* et *humain*, ou comme $1^3 : 1^2$ et 1^1.

3° Les Actes *divins* sont des Actes *absolus-relatifs* : a), intelligibles et spirituels ; b) invariables et perpétuels ; c) invisibles par leur spiritualité, visibles par leur intelligibilité ; d) infiniment grands et infiniment petits à leurs limites *supérieure* et *inférieure*, mais, *entre* ces deux limites, toujours finis de position, sinon de com-

---

[1] Ecclés., III, 14 et 15. Didici quod omnia opera quæ fecit Deus, perseverent in perpetuum...., Quod factum est, ipsum permanet ; quæ futura sunt, jam fuerunt.

position, et toujours encore disposés *objectivement* en cube, *subjectivement* en sphère.

4º Les Actes *angéliques* sont des Actes *absolus-relatifs* : a), *en apparence*, objectifs sous la forme d'astres dispersés au sein de l'immensité divine, mais, *en réalité*, subjectifs, groupés autour des Actes divins (principe, fin et moyen), pour former sous leur influence ; b) *objectivement*, un ensemble presque confus d'êtres célestes, et *subjectivement*, des systèmes d'organisation végétale réunis en un seul grand système du même genre, dont le collet est dans le système solaire, et dont les ramifications vont en s'étalant le long de l'axe du monde, depuis le collet central jusqu'à l'un ou l'autre pôle, en même temps que la vie *subjective* et le mouvement *objectif* circulent incessamment, de leur principe à leur terme respectifs, entre l'occident et l'orient.

5º Les Actes *humains* sont des Actes *absolus-relatifs* : a), *en apparence*, animés ou animaux, placés au sommet de tous les Règnes organisés de la Nature vivante, mais, *en réalité*, sensibles avant d'être intellectuels, et, comme intellectuels, b) *formellement* disposés, d'une part, en cône grandissant jusqu'à l'un ou l'autre pôle, en même temps que, d'autre part, ils se tiennent toujours *réellement* unis de cœur et d'âme à leur centre ou foyer primitif.

3. Là-dessus, nous ferons maintenant ces réflexions.

D'abord, chez les Actes absolus-relatifs *divins*, la coexistence des deux formes explicite *cubique* et implicite *sphérique* réalise le type parfait d'un *cristal vivant* ; mais, la première de ces deux formes n'apparaissant qu'à l'Intellect, et la seconde n'étant percevable qu'à l'Esprit, elles ne se font pas non plus opposition, elles sont d'ailleurs, l'une immanente et l'autre perpétuelle : il est donc tout à fait impossible que le calcul trouve prise en leur ressort sans sortir des voies mathématiques ordinaires.

Chez les Actes absolus-relatifs *angéliques*, faisant immédiatement suite aux précédents, il n'en est pas de même. Ici, l'identité de position n'existant plus par hypothèse entre le subjectif et l'objectif, ou bien le subjectif et l'objectif n'étant plus radicalement uns, le phénomène et la réalité commencent à se poser à part, ou bien l'un n'implique plus déjà la présence de l'autre. Mais ce n'est pas tout : il est inévitable, alors, que l'un ou l'autre se doublent. Car, — au lieu que toute distinction *sensible* est vraiment impossible dans l'unité, — quand la dualité survient, et qu'on admet déjà la réalité saisie de la représentation d'un phénomène dont elle n'est point elle-même le sujet, ce même phénomène a nécessairement alors un autre sujet auquel la première réalité sert à son tour de phénomène. De ce que le phénomène et la réalité sont une fois disjoints, il suit donc du même coup que, au lieu d'un seul phénomène et d'une seule réalité conjoints, on a deux phénomènes et deux réalités disjoints, ou bien deux couples distincts de phénomène et de réalité. Mais, puisque alors ni les phénomènes ni les réalités ne se confondent, ils peuvent différer de fond et de forme. Supposons qu'une réalité soit, par exemple, de nature *intellectuelle*, l'autre réalité pourra être de nature inverse ou *spirituelle*. Supposons, de même, qu'un phénomène consiste en mouvement *circulaire*, l'autre phénomène pourra consister en mouvement *hyperbolique*. Chacune des deux réalités prenant alors le phénomène de l'autre et lui cédant le sien, on a naturellement deux couples absolus actuels de *fond* et de *forme* radicalement disparates. Pour passer utilement après cela des exemples aux applications, souvenons-nous (§ 2) que, dans l'ordre divin, l'Intellect représente objectivement tout en *cube*, et que l'Esprit circule toujours subjectivement en *sphère*. En admettant que ces deux puissances s'informent désormais sur le dehors, elles s'imitent l'une l'autre sur leur fond radicalement immanent ; et tandis que l'une d'elles, par exemple l'Intellect, voit sa forme primitive ou *cubique* envahie par un mouvement révolutif quelconque qui *l'arrondit* plus ou moins, l'autre, ou l'Esprit, voit de son côté sa forme *sphérique* originaire modifiée par l'introduction de nouveaux degrés de courbure et d'un certain nombre de *faces* planes enveloppantes. C'est-à-dire qu'on a dès-lors des composés de *formel* et de *virtuel* jouant alternativement les deux rôles d'essence et d'accident ; d'où il résulte qu'on doit pouvoir immédiatement y trouver matière à calcul. Car ces composés ne sont pas seulement des ensembles de réel et d'apparent de caractère opposé ; chacun d'eux se produit encore avec plus ou moins de vitesse, ou prend plus ou moins d'espace : ainsi, l'on a des couples d'êtres tels que soleil et planète, homme et femme, etc. Tous pareils couples d'êtres étant certainement accessibles au calcul, nous en inférerons donc que le calcul est immédiatement applicable aux êtres angéliques.

Chez les Actes *humains*, tels que nous les avons décrits (§ 2), l'Esprit s'envole, mais l'Intellect reste, et à la place de l'Esprit intervient le Sens élémentaire externe. Si ce Sens se meut alors, il ne peut se mouvoir (en raison de son originaire passivité) que comme l'Intellect, son inspirateur ou gouverneur naturel, se meut lui-même. Cependant, le Sens est toujours le maitre de se prêter ou de ne pas se prêter au mouvement de l'Intellect, et si, par hypothèse, il s'y prête, il se meut alors hyperboliquement (comme marchant *de concert* avec l'Intellect provocateur) dans un sens *positif* ou progressif; s'il ne s'y prête point, il se meut hyperboliquement en sens inverse ou négatif, et recule. Le mouvement propre ou caractéristique des Actes humains est donc le mouvement *oscillatoirement hyperbolique*, tel que celui du cœur ; et, comme ce mouvement peut être calculé, nous conclurons encore de là que le calcul est applicable aux Actes humains.

4. Sachant actuellement que tous Actes, soit angéliques, soit humains, sont calculables, nous devons examiner à quel genre de calcul ils se prêtent, et sous quel aspect il nous convient aussi de les considérer.

Toute méthode de calcul a généralement pour but de représenter des *phénomènes*. Y procède-t-on par l'indication des *forces* qui les soustendent : on fait usage de la méthode *algébrique*. Essaye-t-on d'exprimer comment ces mêmes forces se constituent : on a de préférence recours à la méthode *infinitésimale*. On voit par là que les *forces* réelles sont comme des données *formelles* comprises entre des principes *abstraits* et des fins *concrètes*. Radicalement et finalement unies alors entre elles, ces forces ont toujours nécessairement, soit un *foyer*, soit un *centre* communs, et par là-même impliquent en outre les notions de *ligne*, d'*angle* ou d'*arc*, essentielles à la *Trigonométrie*. Naturellement appelée de cette manière à figurer le système des forces ou de leurs jeux divers, cette science y pourvoit, ou directement par ses formules, ou indirectement par les formules de géométrie analytique auxquelles elle se mêle. Usant de ses propres formules, elle excelle d'abord à représenter les mouvements *oscillatoire* et *circulaire*. Se mêlant aux formules de la géométrie analytique, elle sert ensuite de même à rendre exactement les courbes si diversifiables, résultant de l'ensemble des deux premiers mouvements généraux combinés en guise d'*ellipse* ou d'*hyperbole*. Ayant assez à faire pour trouver aujourd'hui notre voie, nous n'entreprendrons point de donner ni d'interpréter ces dernières formules, et nous bornerons ainsi notre tâche à l'étude des formules de la trigonométrie proprement dite.

Les données formelles de la Trigonométrie pure, susceptibles des deux aspects *objectif* et *subjectif*, sont fournies par les deux sortes d'analyses dites *qualitative* et *quantitative*. L'analyse *qualita-*

tive est celle qui nous fait connaître les *espèces* des grandeurs à représenter ; et l'analyse *quantitative* est celle qui nous en indique en quelque sorte la dose, c'est-à-dire, la masse s'il s'agit de matière, l'étendue s'il s'agit de volume, le degré s'il s'agit de force, etc. Naturellement, l'analyse qualitative précède la quantitative, et c'est aussi celle dont nous allons nous occuper en premier lieu.

D'abord, l'exercice de l'Activité se divise en trois *espèces*, qui sont : 1° le *virtuel* correspondant à la vitesse ou force; 2° le *formel* correspondant à l'extension ou volume ; 3° le *réel* correspondant à la matière ou masse (chose qui, quand on en a défalqué par hypothèse toute *force* et toute *forme* inhérentes, se réduit manifestement en un simple *fait apparent* d'exercice objectif). Mais le *virtuel* et le *formel* seraient bien eux-mêmes purement apparents, s'ils ne consistaient qu'en faits transitoires, comme ceux, par exemple, de *coloration* et de *distance*, auxquels les objets donnent lieu sans y participer réellement. Donc, si le *virtuel* et le *formel* ne sont pas seulement apparents mais réels, et si *l'appa-*

rence objective reprend encore souvent (par incorporation implicite ou *rationnelle* du virtuel ou du formel) la dénomination de *réel*, la raison en est en ce que, soit le *virtuel*, soit le *formel*, soit le *réel objectif*, joignent en eux-mêmes, à la note d'*objectivité*, celle de l'étroite et subjective assistance ou présence des trois Puissances distinctes auxquelles ils se réfèrent, et qui sont, respectivement, l'Esprit principe de force, l'Intellect principe de forme, et le Sens principe d'action. Nommant ou distinguant le virtuel, le formel et le réel-apparent, on se place donc sur le terrain des trois Puissances radicales. Ces puissances, *isolées*, sont simples, et, chacune, sous la forme de 1^1 : dans cet état, elles expriment une seule relation de 1 à 1, et par conséquent *linéaire* ; c'est-à-dire que l'être ainsi constitué ne fait que *percevoir* par manière d'application directe, sans s'*étendre* ni s'*exalter* encore. Quand, ensuite, elles se réunissent *deux à deux*, elles ajoutent, à cet état préalable de contemplation ou perception *propre*, celui de la contemplation d'*autrui* ; ce qui n'est possible qu'à la condition de mettre fin à la contemplation propre, tout autant, au moins, qu'on contemple autrui. Donc, alors l'Activité pose à la fois deux actes, ou bien se double, et passe, du premier degré de la Puissance, au second. Enfin les mêmes Puissances radicales peuvent bien encore faire abstraction de *soi* et d'*autrui*, pour ne représenter qu'un *tiers* abstrait, imaginaire, mais tenant lieu de l'un et de l'autre, ou de soi et d'autrui ; et dès-lors, rapportant à ce tiers toute leur attention, elles ne *perçoivent* ni ne *représentent* plus réellement, mais elles sont transformées, exaltées ou *surhaussées*, comme atteignant le suprême degré de la puissance 1[3].

Cet état de triple exercice *objectif* sous la forme d'être *percevant*, *représentant* et *aspirant*, est maintenant encore un état *subjectif*, puisqu'un être ainsi constitué par hypothèse est *réel*, et possède ce triple mode de dilatation interne en lui-même, au moment et même (en raison) avant de l'appliquer au dehors. Comment, dans ce cas, s'envisage-t-il subjectivement lui-même ? Il peut le faire de trois manières : d'abord, en se percevant seulement et simplement de loin, de très-loin et — pour ainsi parler — de l'infini, comme si pour lors il s'effleurait à peine ; puis, en se rapprochant du face à face, et se saturant alors de contemplation immédiate ; enfin, en arrivant par la pénétration jusqu'au mélange, et pour lors, en même temps qu'il s'aiguise en quelque sorte pour entrer, d'une part, se gonflant et bouffissant, de l'autre. Dans le premier cas, il *est* subjectivement, à la fois, triple et simple. Dans le second cas, il *figure* comme subjectivement deux fois double. Dans le troisième cas, il *figure* comme subjectivement un et triple, mais cette fois l'*Un* est le réel à bout d'efforts, $= 1°$, et l'*autre* (ou le triple) est le réel à bout de relâchement, égal à $3°$ encore.

L'Activité reproduit donc *subjectivement* en elle-même toutes les phases de son exercice *objectif* triple, double, simple ou nul. Et, sachant maintenant cela, nous avons acquis tous les éléments *qualitatifs* de notre problème ; mais les éléments *quantitatifs* ne nous en sont pas donnés encore. Voyons de les découvrir.

Nous exposions tout à l'heure comment un être, subjectivement triple tout d'abord, s'épanouit et s'évanouit, en passant, de la contemplation *active* simple de lui-même, à la contemplation double, et de la contemplation double, à la contemplation triple ; cette dernière aboutissant, en fin de compte, à l'annulation. D'après cela, la simplicité de l'*acte* marche avec la triplicité de la *puissance* ; la duplicité de l'*acte* va de pair avec la duplicité de la *puissance* ; mais, au moment où l'*acte* se triple, la *puissance* simplifiée tend et court à sa fin. L'*action* et la *puissance* (ou *passion*) marchant ainsi constamment en sens inverse et présentant, à l'inversion près, les mêmes phases, il est bien indifférent, au point de vue de l'expression ou de la forme, par quel bout on commence ; et, moyennant la réserve du fond consistant en *actif* et *passif*, on peut bien dire d'abord, par exemple, que tout fait interne, comme fait, se pose sous la forme de *ligne* ; que tout fait interne mais présupposé double cette fois, comme double, se pose sous la forme de plan ; et que tout fait interne plus complexe encore ou triple, comme triple, se pose sous la forme de *solide*. Mais toute *ligne* variable en longueur (comme celle de la contemplation de soi-même dont nous avons parlé), dès-lors qu'elle est susceptible d'accroissement et de décroissement, peut être supposée passer par tous les degrés de grandeur compris entre l'infini et zéro; et, par la même raison, tout *plan* et tout *solide* sous-tendus par des lignes sont également susceptibles de passer par la série des mêmes degrés en nombre infini. Donc, puisque toutes les Puissances radicales sont semblablement constituées, elles éprouvent ou peuvent éprouver indistinctement les mêmes phases de développement *quantitatif* dans toutes les dimensions ; et la représentation de ce développement *quantitatif* s'entremêlant toujours — par le seul fait de son existence — au développement *qualitatif*, il résulte de là que l'expression des deux développements ne doit pas seulement marcher toujours ensemble, mais peut encore s'obtenir sous les formules à la fois les plus précises et les plus générales.

5. Les grandeurs *qualitatives* et *quantitatives* (linéaires, planes ou solides) une fois trouvées, il s'agit de les appliquer à la représentation des deux régimes *angélique* et *humain*. Ces deux régimes

sont, avons-nous dit (§ 3), inverses. Ainsi, l'angélique, toujours sous-tendu par le mouvement *circulaire*, peut adjoindre à ce mouvement les modifications de l'*elliptique* et du *parabolique*, s'il n'aboutit même parfois à l'*hyperbolique* ; et l'humain, toujours sous-tendu par l'*oscillatoire*, souvent escorté lui-même d'ailleurs des mouvements révolutifs précédents, ne peut s'empêcher d'y voir constamment adjoint à son tour l'*hyperbolique*. Pour représenter alors à la fois ces deux régimes, il faut un système de représentation *un* au fond, mais *double* en même temps, ou tel que, moyennant un simple changement de sens ou d'aspect, on ait un changement complet de rôle. C'est ainsi, par exemple, qu'un plan peut jouer à la fois simple et double rôle, par cela seul qu'il offre dessus et dessous avec entière possibilité de renversement.

La Trigonométrie satisfait maintenant, au moins dans les limites que nous nous sommes tracées, à cette condition ; car son idée fondamentale n'est pas seulement celle d'*angle*, mais encore celle de *courbe plane circulaire*, divisant le plan qui la contient, en deux parties irréductibles, et l'une *intra-circulaire*, l'autre *extra-circulaire*. Cette courbe circulaire n'est point, d'ailleurs, une réalité physique, mais une simple condition intellectuelle des *lignes* censées étroitement s'y rattacher, et toujours corrélatives, dont les *extra-circulaires* ont la liberté de croître ou de décroître indéfiniment entre ∞ et 0, tandis que les *intra-circulaires* peuvent, la plupart, s'y donner la même latitude entre 0 et 1. Les lignes intra-circulaires, au nombre de trois, s'appellent *cosinus, sinus* et *rayon*. Les lignes extra-circulaires, appelées *tangente, cotangente, sécante* et *cosécante*, sont, au premier aspect, au nombre de quatre, mais se réduisent à trois en cas de superposition entre la sécante et la cosécante ; après quoi ces deux dernières, réunies, prennent le nom de résultante.

6. Muni de ces lignes, si nous ne sortions point du cadre exclusivement mathématique de tous les Traités de Trigonométrie, nous nous flatterions bien vainement d'atteindre notre but ou d'arriver à représenter par leur moyen les régimes *angélique* et *humain*, et à plus forte

raison le *divin*, que pourtant nous ne désespérons pas de figurer encore par ses actes relatifs contingents. Aussi, prêt d'entrer en matière, avons-nous hâte de sortir de la routine et d'innover en trois points éminemment importants pour nous, et que nous exprimerons en ces termes :

Le régime actuel *divin* est représenté par le système des trois lignes : *cosinus*, *sinus* et *rayon*, confondus en un seul tout réel.

Le régime *angélique* est représenté par le système d'une seule ligne à double fonction, telle que celles faisant à la fois fonction de *sinus* et de *cosinus*, ou de *cosinus* et de *sinus*, complémentaires.

Le régime *humain* est représenté par le système d'une seule ligne à double fonction encore, mais plus simple, telle que celles faisant à la fois fonction de *sinus* et de *sinus*, ou de *cosinus* et de *cosinus*, supplémentaires.

On le voit par le seul énoncé de ces propositions : nous voulons que le *cosinus*, le *sinus* et le *rayon*, distincts, mais relativement envisagés, ne fassent qu'un ou soient uns, quand ils fonctionnent d'ailleurs à part ; — que les *cosinus* et *sinus,* ou les *sinus* et *cosinus,* complémentaires, ne fassent qu'un comme réunis en une seule tête; — et que, de même, le sinus de l'arc et le sinus du supplément, ou le cosinus du supplément et le cosinus de l'arc, ne fassent qu'un. Mais n'en est-il pas ainsi réellement? Sans contredit, le cosinus, le sinus et le rayon, pris *absolument* en bloc ou tous ensemble, ne sont pas seulement *individuellement* égaux à 1, mais restent encore *collectivement* (en raison du subit et fatal passage *intemporel* du cosinus au sinus) égaux à 1. D'abord, il est bien évident que le rayon et le cosinus, en qualité de facteurs égaux à 1, se confondent; et que, par la même raison, le rayon et le sinus, égaux à 1, ne font qu'un encore. Mais le cosinus et le sinus, égaux à 1, alternent incessamment à tous égards, quoique par parties, comme nous le démontrerons bientôt [§ 7, *c*][1]. Donc, malgré la multiplicité d'aspects ici coïncidents, l'absolue réalité ne se redouble point, ou bien la triple distinction des lignes ou

[1] Pour l'éclaircissement des idées, on peut alors les concevoir ordonnés sous la forme $1 = 2 (1/2)$, ou toute autre analogue.

relations n'en altère point l'unité réelle. Cette première assertion une fois démontrée, les deux autres suivent d'elles-mêmes, car elles sont évidentes. On sait bien, par exemple, que le sinus de l'arc et le cosinus du complément, ou le sinus du complément et le cosinus de l'arc, sont *absolument* uns. On sait également que le sinus de l'arc et le sinus du supplément, ou le cosinus du supplément et le cosinus de l'arc, s'identifient complétement. Donc nous avons ici trois identités : 1° l'identité *radicale* du cosinus, du sinus et du rayon, distincts d'ailleurs *de fait*; 2° l'*identité* du sinus de l'arc et du cosinus du complément, ou du sinus du complément et du cosinus de l'arc ; et 3° enfin, l'*identité* du sinus de l'arc et du sinus du supplément, ou du cosinus du supplément et du cosinus de l'arc.

7. Pour ne pas interrompre inopportunément l'exposition des idées, nous venons d'affirmer, sans démonstration complète, l'incessante transition instantanée du cosinus au sinus, au moment où l'on envisage *absolument* ces deux lignes comme égales au rayon. Cette assertion choquant

et renversant même la commune manière de voir suivant laquelle on regarde le cosinus et le sinus, *distincts,* comme essentiellement *exclusifs* l'un de l'autre, nous la démontrerons actuellement avec toute la rigueur et la précision possibles. Il est assurément vrai de dire que, dans les applications ordinaires de la Trigonométrie, cosinus $= 1$ suppose toujours sinus $= 0$. Mais cette exclusion absolue, valable pour le temps *réel,* cesse de l'être dans le temps *rationnel,* parce qu'il est essentiel à ce dernier temps, composé des seuls êtres de *raison* types des *temporels*, d'admettre l'objective *coexistence* des *successifs* faisant alors office de conséquents (§ 11). Donc, tout comme il est très-bien permis de poser à la fois antécédents et conséquents, il doit être permis de poser à la fois cosinus $= 1$ et sinus $= 1$, pourvu qu'on n'oublie point de sous-entendre, chez le cosinus et le sinus, un certain remue-ménage *intrinsèque* par lequel ils soient censés, sans s'évanouir *absolument,* alterner l'un avec l'autre.

a). Par hypothèse, l'Absolu, radicalement égal à 1, ne comporte point de temps *réel,* d'une part ;

et, d'autre part, il doit se poser *alternativement* sous la double forme de cosinus et de sinus. Mais, alors, il est indispensable que le cosinus égal à 1 s'enlève instantanément, en même temps que le sinus se pose son égal. Car l'Absolu ne peut jamais disparaître ni déchoir ; et, cependant, il en serait ainsi, si, dans le même instant où le cosinus s'enlève, le sinus ne se posait point, puisque, au moment de la transition distincte ou temporelle de l'un a l'autre, on n'aurait ni l'un ni l'autre, ce qui réduirait évidemment, pour cet instant, l'Absolu à zéro. Donc, l'Absolu ne pouvant jamais cesser d'être égal à lui-même, il faut dire que, dans le même instant où le cosinus s'enlève, le sinus se pose, ou bien reconnaître la coexistence absolue des successifs.

b). Une raison plausible peut empêcher ici le lecteur de se rendre à notre avis : c'est la difficulté de concevoir une position et un enlèvement simultanés ; mais cette difficulté-là n'est réelle qu'au cas où, par hypothèse, il s'agirait d'une *seule et même* chose *absolue*. Soit un acte *absolu* quelconque : il est ou il n'est pas ; on ne peut donc le poser et l'enlever simultanément.

S'agit-il, au contraire, d'actes *relatifs*, égaux seulement *en somme* à l'Absolu (comme *cosinus* et *sinus*, ou *sensible* et *formel*..), quand on ne les prend point *absolument* : rien n'empêche, cette fois, de concevoir l'enlèvement de l'un coïncidant avec la position de l'autre, puisque l'opposition ne porte plus sur le même objet. Pour fixer les idées, imaginons un levier portant par son milieu sur un point d'appui sur lequel il peut tourner, et supposons que, en un moment donné, nous abaissons l'un des bras : du même coup nous élèverons l'autre bras ; nous pratiquerons donc *à la fois* les deux mouvements de baisse et de hausse, et pourtant les deux mouvements ne laisseront point d'être, au moins en raison, *successifs*, puisque le mouvement de hausse dépend de celui de baisse. Dans le temps *rationnel*, deux choses corrélatives peuvent donc être virtuellement simultanées et successives, moyennant que, rapportées à l'Absolu persistant, elles ne le multiplient ni ne le tronquent, et coexistent seulement en lui comme deux états inverses ou réciproques en communauté réelle.

c). Il est bien clair et certain, ce nous semble,

qu'un Être, *absolument* un, peut être *relativement* double, comme sujet-objet. — Mais, alors, il existe autant, comme *absolu*, dans le Sujet que dans l'Objet, et réciproquement. Donc le Sujet est en même temps Objet, ainsi que l'Objet, Sujet ; et par suite l'Absolu *se pose* à la fois uniformément des deux côtés (comme Sujet — Objet, ou Objet — Sujet), en même temps que, vu le rang des deux termes relatifs, il *s'invertit* de l'un à l'autre. En conséquence, ce qui fait la différence des deux, ce n'est point l'Activité *absolue* commune aux deux, mais l'Activité *relative* courant, en deux sens opposés, de l'un à l'autre. Donc la coexistence et la succession ne sont point incompatibles en l'Absolu. Donc le Cosinus et le Sinus, deux termes corrélatifs évidemment analogues, peuvent être conçus atteints à la fois d'immanence et de variation.

La nouveauté de cette théorie justifie sans doute aux yeux du lecteur l'insistance que nous venons de mettre à la prouver ; mais son importance doit encore nous servir d'excuse, car il s'ensuit un grand enseignement, à savoir : la double explication de l'*unité du monde* et du *mouvement perpétuel*. En effet, il s'ensuit :

1° Chez Dieu, comme siége *absolu* de trois forces *relatives* fonctionnant sous forme de cosinus, sinus et rayon, la nécessité d'une *objective* constriction immanente de la triple universalité des *espèces* en un seul *genre*, et, dans ce genre indivisible et constant, la nécessité d'une triple tendance *subjective* en ces mêmes espèces à changer partout et toujours ;

2° Chez l'ange, comme siége identique de sinus et de cosinus *complémentaires*, l'incessante et double tendance subjective, objectivement appliquée : d'abord, à grouper ensemble le plus d'êtres possible ; puis, à maintenir cet ensemble en série pendant la plus grande durée possible de temps ;

Et 3° chez l'homme, comme siége immanent de sinus — ou de cosinus — *supplémentaires*, l'insurmontable besoin d'universelle et perpétuelle union, par l'effacement des contraires et la conversion des parties en touts.

D'abord, il est de fait que le Monde est un, et que, pourtant, il change et se renouvelle incessamment : d'où peut alors lui venir, dans cette unité, si peu d'accord, et, dans ce constant désaccord, cette unité perpétuelle ? Évidemment, ces deux faits contraires ont leur raison d'être. Cette raison d'être ne peut être la *fatalité* seule, qui n'a point d'yeux ni de bras. Elle est donc, en outre, dans la primitive *constitution* et *contrariété* des éléments du monde, c'est-à-dire, dans l'originaire unification *objective* et différenciation *subjective*, en nombre triple, des mêmes éléments oscillants et modifiables, comme *cosinus*, *sinus* et *rayon*.

Ensuite, toutes les sociétés une fois constituées ont incontestablement pour but de grouper les tendances individuelles par leurs faces communes, et de disperser les tendances contraires jusqu'aux points exigés pour leur équilibre constant. Dans ces conditions, on ne peut songer à séquestrer violemment des individualités essentiellement *inclusives* dans des ressorts *exclusifs*, comme si l'on voulait contraindre, par exemple, la puissance temporelle à ne s'occuper que de temporel, ou la puissance spirituelle à ne vivre que de spirituel ; mais on doit combiner, des deux côtés, conforme et contraire, ou spirituel et temporel, de manière que, par la compensation ou le complément des facteurs, on ait, des deux côtés, des individualités égales et satisfaites. Le régime angélique consiste donc essentiellement dans l'harmonie des puissances et la subordination des fonctions en espace et temps.

Enfin, au lieu d'être — comme l'ange — foyer de combinaisons, l'homme est centre de divergences. Car, sensible, il tourne incessamment à l'Esprit, et, spirituel, il revient fatalement au Sens. Mais, dans tous les cas, il s'essaye instinctivement à surmonter de haute lutte cet antagonisme ineffaçable en arrivant, par l'imaginarisation des contraires, à n'en former en définitive qu'un tout: son but final est ainsi l'unité. Pour n'être pas chimérique, cette tendance implique une absolue simplification de l'Objectif (ou de la Matière) ; et cette simplification n'est possible que par l'assujétissement de tous les éléments *objectifs* au régime subjectif unipersonnel. Donc, le régime humain est un régime essentiellement transformateur de divergences en union, ou la tendance du simple à l'universalité.

8. Mais il n'y a pas seulement, dans la Trigonométrie, la représentation frappante des trois régimes respectivement absolus *divin*, *angélique* et *humain* ; il y a, de plus, celle des fonctions inférieures ou subordonnées de Puissance à Puissance, par multiplication et division de facteurs d'abord, ou par agrégation et désagrégation de parties ensuite ; c'est-à-dire, il y a tous les détails de la Trigonométrie vulgaire. Examinons donc désormais ces détails, et voyons quels nouveaux renseignements ils sont capables à leur tour de nous fournir.

Les régimes *divin*, *angélique* et *humain* sont trois systèmes d'Identités vraies, mais qui ne se soutiennent pas, non en ce sens qu'elles cessent réellement d'être, mais en ce sens qu'elles paraissent objectivement — par poussée d'actes relatifs spéciaux ou particuliers — s'évanouir. D'abord, ces trois Identités existent, à divers degrés sans doute, comme nécessaires, patentes, indéclinables ; on a beau leur tourner le dos, elles sont là !... L'Identité *divine*, par exemple, en raison de son extrême diffusion, de sa généralité, de sa spiritualité, semble se fondre ou s'évanouir dans l'espace, ou même n'être pas ; mais, comme une épée dont, pour son *infinie* longueur, la garde ne serait nulle part, elle ne laisse point d'avoir inversement, par son *infinie* vitesse, sa pointe partout *active* et présente. L'Identité *angélique* semble d'abord exister presqu'au même degré dans un état vaporeux, sinon égal, au moins assimilable au mode d'existence divine; mais, plus restreinte, sa réalité, pareille à l'atmosphère circonvenue d'un éther infini, commence à se déceler plus que par son action, et se révèle déjà par ses *formes* plus ou moins constantes ou variables. Enfin, au centre de cette atmosphère, on aperçoit l'Identité humaine toute concrète en apparence, en manière de noyau solide; mais quand, par la pensée, l'on remonte à son origine, on la reconnaît composée de pièces émanant de l'infini, dans l'intervalle incommensurable compris entre cosinus — 1 et cosinus + 1. Pour pouvoir alors se représenter la vraie constitution intelligible des trois Identités intelligibles *divine*, *angélique* et *humaine*, il faut en considérer les effets d'ensemble respectif et par là même les détails.

Ces détails sont, d'une part, les trois Puissances (*Sens*, *Intellect*, *Esprit*), objectivement ou subjectivement envisagées d'une manière abstraite, et, d'autre part, les lignes trigonométriques, soit intra-circulaires (*cosinus*, *sinus*, *rayon*), soit extra-circulaires (*cotangente*, *tangente*, *résultante*). Là, les Puissances et les Lignes sont entre elles comme *sujet* et *objet* ; et les puissances sont les *forces*, les lignes sont les *effets*, mais toujours dans le rapport du *réel* à l'*apparent*. Par suite de l'essentielle discordance de ces deux points de vue, nous ne pouvons donc nous dispenser de traiter ici séparément, au moins au début, les deux questions de la *force* ou de son *signe*.

9. Portant d'abord notre attention sur les Puissances réelles, nous établirons les principes suivants :

1° L'Activité radicale, une et triple, ne s'exerce jamais au dehors sans le concours *imaginaire* ou *réel* de ses trois Puissances internes. Quand les trois Puissances internes concourent *réellement*, l'effet est *absolu*, comme sa cause, et peut ainsi — le cas échéant — apparaître au dehors intensivement ou extensivement un et triple en position, soit absolue, soit relative.

Quand les trois puissances ne concourent point réellement à la fois, il y a deux nouveaux cas possibles : ou bien une seule quelconque d'entre elles s'exerce *réellement* au dehors avec le concours simplement *imaginaire* des deux autres ; ou bien deux d'entre elles concourent *réellement* avec le concours *imaginaire* de la troisième.

2º Toute Puissance relative, s'appliquant seule *réellement* au dehors et présupposée se contenir par là même dans son propre ressort, s'exerce *linéairement* à sa manière ou suivant son degré ; c'est-à-dire, la Puissance sensible en longueur, l'intellectuelle en largeur, et la spirituelle en hauteur. Ainsi considérés, les exercices respectifs des trois Puissances n'ont rien de commun ensemble, ou mieux manquent de tout genre prochain capable de les unir deux à deux ; et leur extension, sans être nulle, est imaginaire.

3º Toute Puissance relative, présupposée s'exercer *réellement* avec le concours *réel* d'une autre qui se prête à son empiètement, ajoute à son premier exercice longitudinal un second exercice transversal par rapport au précédent [1], mais alors parallèle au premier exercice respectif de la Puissance passive réellement concourante. Ce second exercice de la Puissance active n'est donc pas seulement accidentel en elle; mais il est encore relatif ou secondaire et *plan* ou superficiel.

4° Toute Puissance relative qui, comme le Sens radical par exemple, s'exerce alternativement au dehors avec le concours apparent (*réel* comme apparent) de l'une des deux autres et le simple concours occulte (*imaginaire* comme occulte) de la troisième, se porte bien librement à l'acte comme Puissance *effective*, mais elle emprunte sa raison *prochaine* d'agir à la Puissance *réellement* concourante qui semble la provoquer, et sa raison *éloignée* d'agir à la Puissance *imagi-*

---

[1] Néanmoins, cette innovation en la Puissance active doit être censée se faire sans perte de la direction longitudinale; elle arrive donc par simple superfétation de vitesse *accidentelle* sur son fond *permanent*. Ainsi s'explique le phénomène des vitesses composées, comme celles de *cosinus* et *rayon*, *cosinus* et *sinus* complémentaires, etc.

nairement concourante dont l'intervention achève de la déterminer. Il n'y a donc point de cause *effective* sans causes *sollicitante* et *déterminante*.

5° Toutes causes respectivement constituées (en concours externe) comme l'une *efficiente*, l'autre *sollicitante* et la troisième *déterminante*, sont radicalement rectangulaires entre elles, comme les trois dimensions de l'étendue ; mais, par suite du détournement de l'activité de la Cause efficiente hors de sa direction originaire, les *deux* exercices combinés de cette Cause et de sa prochaine Alliée deviennent parallèles ou se superposent au moins en direction (l'amplitude pouvant peut-être varier) ; et, dans ce cas, l'exercice occulte ou transcendant de la troisième Puissance reste seul normal à l'exercice ordinaire ou naturel des deux premières dans l'instant de leur concours.

10. La Cause *efficiente* et les deux Causes *auxiliaires* présupposées ici concourir à l'acte accidentel externe sont, à peu près, dans le même rapport entre elles que les rayons lumi-

neux appelés en physique *excitateurs* ou *continuateurs* ; l'*origine* de l'acte accidentel externe appartient à la Cause efficiente, et la *continuation* en demeure à la charge des deux Causes auxiliaires *sollicitante* et *déterminante*, non parce que ces dernières en porteraient la responsabilité, mais parce que le fonctionnement n'en est point passager comme celui de la Cause efficiente. Celle-ci, principale, a deux manières d'agir : l'une, essentiellement passagère, par laquelle elle donne le branle au système de forces ; et l'autre, seulement confirmative, par laquelle elle laisse aller les choses comme elle l'a voulu d'abord. Quand le gardien de l'eau d'un canal a soulevé la vanne pour lui donner un libre écoulement, il n'a plus besoin ensuite que d'en laisser l'ouverture libre pour voir l'eau s'écouler indéfiniment ; et le maintien de sa première détermination suffit à lui procurer ce résultat, dont ne peuvent être responsables les forces auxiliaires, obligées par subordination à se conformer au dernier état de choses, non moins soustrait à leur initiative en sa durée, qu'à l'origine. Ainsi s'explique très-bien la difficulté de la *création continuée,* que tous les auteurs ont entrevue, mais sans pouvoir la résoudre clairement.

A la suite de cette première observation sur le rôle constant ou passager des Puissances, nous croyons utile d'en placer une autre sur l'incomparabilité des vitesses *longitudinale* et *transversale.* Un physicien a conclu de certaines expériences personnelles sur la lumière, que la vitesse longitudinale était, en elle, double de la vitesse transversale. Nous ne contesterons pas l'exactitude de ses observations particulières, mais nous nierons le droit de les généraliser, comme si par hasard il en devait être toujours ainsi ; car, dans la transition de la vitesse longitudinale à la transversale, il y a — comme dans tous les cas de transition d'une dimension à l'autre — le passage par l'infini d'abord, et le changement de l'essence à l'accident ensuite. Qui ne sent ou n'admet l'impossibilité de comparer ensemble, *v. g.*, des solides et des surfaces, ou des surfaces et des lignes ? Or, d'après les propositions 2º et 3º du § 9. les vitesses *longitudinale* et *transversale* sont entre elles dans les mêmes rapports. Donc elles sont incomparables entre elles.

Il n'y a, du reste, qu'une vitesse longitudinale vraiment digne de ce nom : c'est celle qui convient à l'une quelconque des trois Puissances s'exerçant originairement dans sa propre sphère. Car, si plus tard il arrive à l'une de ces Puissances, déjà présupposée s'être convertie de l'exercice longitudinal *primitif* au transversal, alors respectivement accidentel, de revenir, par sa mobilité naturelle et comme par superfétation, au longitudinal, son nouvel exercice longitudinal restera transversal de sa nature et n'égalera jamais le longitudinal primitif. Ce dernier, n'ayant qu'une manière de se poser, ne se pose aussi qu'une fois pour toutes ; ou l'on n'y revient point alors, ou l'on y revient purement et simplement, abstraction faite de toute contingence ou de tout rapport au contingent.

Après ces diverses observations, revenons maintenant à nos propositions du § 9, relatives à l'exercice des Puissances ; et, moyennant la différenciation des Causes en *efficiente* et *concourantes*, voyons d'en mieux définir ou détailler les rôles que nous ne l'avons fait jusqu'à cette heure. Nous prendrons pour cela notre point de départ dans la distinction des deux temps rationnel et réel du § 4 ; nous ferons ensuite choix du quadrant, dans lequel il convient de considérer le jeu fondamental des lignes trigonométriques ; et, ce choix une fois fait, après avoir établi quelques distinctions indispensables, nous énoncerons les nouvelles propositions qu'il s'agira de démontrer par leur moyen.

11. Il est d'abord essentiel de reprendre ici la considération des deux temps *rationnel* et *réel*, non-seulement pour achever d'en éclaircir la nature et constater, une bonne fois pour toutes, que le temps *réel* consiste dans une réelle succession d'événements avec expresse exclusion de toute simultanéité *de fait*, quand le *rationnel* consiste dans la réelle succession des mêmes événements dans le seul ordre des *idées*, et par conséquent sans exclusion de leur coexistence *sensible*, mais encore pour faire observer que, en dernière analyse, le *temps rationnel* ne se distingue point de l'*espace réel* ; car, par *espace réel*, on ne peut finalement vouloir désigner qu'un ensemble de forces *intensives simultanément dé-*

ployées, et dès-lors opérant intemporellement (avec les seules gradations requises d'intensité) tout leur effet possible en l'état où elles sont, quel qu'il soit d'ailleurs. L'importance de cette réduction de l'*espace réel* au *temps rationnel* ressortira plus tard, quand nous aurons lieu de distinguer de nouveau, dans le jeu des lignes trigonométriques, les deux aspects combinés de *successif* et de *simultané*; mais, avant de pouvoir utiliser ce premier aperçu, nous devons, avons-nous dit, en ajouter d'autres et notamment faire choix d'un quadrant parmi les quatre assignables en tout plan circulaire.

Tous les quatre quadrants du cercle décrit par les lignes trigonométriques sont sans doute *absolument* égaux; mais, *relativement* envisagés, ils diffèrent singulièrement de signification; et, sans prétendre devoir nous borner toujours à la considération d'un seul, nous croyons pouvoir avancer sans difficulté : d'abord, qu'un seul suffit à donner une idée générale de tous; et puis, que le plus propre à cette fin est le quadrant à termes tous positifs, comme à la fois aussi complet et plus simple que tous les autres. Il n'y aurait évidemment aucun avantage à prendre ici pour type le quadrant à termes tous négatifs par hypothèse, car ce dernier ne serait que le quadrant à termes tous positifs renversé. Mais il n'y en aurait pas davantage à prendre pour type un quadrant à termes positifs et négatifs entremêlés ; car les relations fondamentales n'y sauraient changer, et s'y trouveraient seulement surchargées de déterminations accessoires de signe capables d'en faire oublier le fond. Le quadrant dont nous devons faire choix est donc le quadrant à termes tous positifs [1].

---

[1] Pour éviter au lecteur la peine de s'orienter lui-même au milieu des détails qui suivront à ce sujet, nous indiquerons un moyen de le faire aisément et dont il voudra bien se rappeler.

Soit donné le plan circulaire trigonométrique, et soit l'*axe* de ce plan la figure du Sens absolu radical : alors, s'exerçant *accidentellement*, ce même Sens se pose une première fois *formellement* dans la direction du cosinus, à 0°, où il fait double avec l'Intellect, et une deuxième fois *virtuellement* dans la direction du sinus, à 90°, où il fait double avec l'Esprit. Mais l'Intellect et l'Esprit, étant entre eux comme *sujet-objet*, *objet-sujet*, sont le siége de deux courants simultanés inverses, l'un *direct* allant de 0° à 90°, et l'autre *rétrograde* allant de 90° à 0°. Donc, dans le premier qua-

Enfin, le choix du quadrant une fois fait, il reste à savoir dans quel sens *concret* ou *abstrait*, ou bien *subjectif* ou *objectif*, on prendra les lignes trigonométriques en jeu dans ce même quadrant. Car on conçoit bien que, changeant de sens, elles ne correspondent plus au même ordre d'idées, et désignent par le fait tout autre chose. Nous réputons ces lignes prises dans un sens *concret*, non-seulement quand elles retiennent leur *double constitution* impliquée par nos propositions du § 6, ou bien fonctionnent à titre de puissance réelle triple, double ou simple (1^3, 1^2, 1^1), mais encore quand elles ajoutent à cette sorte de redoublement la note *d'actualité* sensible. Elles seraient seulement prises dans un sens *abstrait*, si, défalquant par la pensée, de cette constitution, la note d'actualité, l'on se contentait de se les *représenter* comme telles ou telles. Défaisons maintenant cette double constitution dont nous venons de parler, et concevons désormais

---

drant, le Sens *accidentellement* appliqué, réunissant en lui-même les trois dimensions et double courant, se présente déjà sous les deux formes combinées de l'état *tri-personnel* divin et *bi-personnel* angélique.

les lignes trigonométriques du premier quadrant, ou comme de simples réalités *subjectives*, équivalentes à des qualités ou facultés appartenant à des Puissances personnelles sans être ces personnalités elles-mêmes, ou bien encore comme de simples *objectivités* formelles, dénuées de sujet ou de substractum immédiat, et subsistant pour ainsi dire en l'air, à l'instar de ce qu'on appelle des êtres de raison. Considérées à ce nouveau point de vue, les lignes trigonométriques ne sont plus de vraies lignes, mais de simples signes, soit d'*attributs*, soit d'*idées*; et, par suite, elles diffèrent notablement de ce qu'elles étaient naguère, quand nous voyions en elles ou de vraies réalités *concrètes*, comme, v. g., les trois Puissances radicales, ou de simples données *abstraites*, comme, v. g., les trois Natures divine, angélique et humaine.

Maintenant, nous pouvons rentrer dans notre sujet et dire la signification spéciale ou particulière des lignes trigonométriques. On sait déjà (§ 5) qu'elles vont généralement de trois en trois. Groupons-les alors de cette manière; prenons-les dans l'un des sens énumérés tout à l'heure, *concret* ou *abstrait*, et *subjectif* ou *objectif* : nous pourrons voir immédiatement en elles, à peu près, des types de tout, et nommément y reconnaître, suivant la nature des Puissances radicales chargées des rôles *absolu* et *relatif* :

1° Les trois genres *masculin*, *féminin* et *neutre* ;

2° Les trois relations *père*, *mère*, *enfant* ;

3° Les trois termes *principe*, *fin* et *moyen* ;

4° Les trois degrés *essence*, *mode* et *accident* ;

5° Les trois caractères déterminants de *volonté*, de *loi* et de *nécessité* (*relative*) ;

6° Les trois notions formelles d'*acte*, de *motif* et de *force* (*absolue*).

12. Considérons d'abord les trois premières lignes trigonométriques : *cosinus*, *sinus* et *rayon*, et nous verrons en elles les types des trois genres *masculin*, *féminin* et *neutre*.

Rien n'est plus malaisé, ce nous semble, que de donner une exacte et brève définition des trois genres, dont personne ne s'est peut-être occupé jusqu'à ce jour d'assigner avec soin les indices *commun* et *différentiels* ; nous tenterons néanmoins de le faire, et nous ne croirons pas nous écarter de la vérité, si nous disons que le *Masculin* consiste dans l'Acte par lequel une Activité d'abord se pose et puis s'enlève, et par conséquent *positif-négatif* ; que le *Féminin* est constitué, de son côté, par un Acte qui d'abord s'enlève et puis se pose, ou *négatif-positif*[1] ; et que, enfin, le *Neutre* est le Terme-moyen dans lequel cette double opposition s'annule ostensiblement, sans exclure pour cela la secrète prédisposition à s'exercer indifféremment dans l'un ou l'autre sens à la première occasion. Eh bien ! toutes ces conditions sont parfaitement réalisées ou figurées par les trois lignes trigonométriques *cosinus*, *sinus* et *rayon*. Nous allons nous expliquer avec un peu de diffusion à cet égard, pour n'avoir

---

[1] Il importe ici de ne pas confondre *formes* et *forces*. Chez nous, les formes masculine et féminine, une fois contractées, restent fixes, mais il n'en est pas de même chez les forces sous-jacentes. En principe, la supériorité, quel qu'en soit le type, convient autant à l'Intellect *provocateur* qu'à l'Esprit *exécuteur* ; et voilà pourquoi, quand l'Intellect détermine, l'Esprit apparaît *assujetti*, comme quand l'Esprit agit, l'Intellect apparaît *patient* à son tour.

point ensuite à revenir sur les menus détails de leur fonctionnement.

D'après les définitions données au début du § 11, l'idée d'*espace réel* (=*temps rationnel*) est la même que celle de forces intensives *déployées*; et l'idée de *temps réel* revient à celle des mêmes forces *changeant d'état*. Comme se constituant en ces divers états, ces forces sont *actives*; comme les ayant acquis, elles sont *passives*. Nul de ces deux aspects n'est donc exclu par l'autre; et tous deux peuvent alors convenir aux forces *auxiliaires* mentionnées aux §§ 9 et 10. Là, nous avons dit qu'elles ont, chacune, leur direction propre, et qu'elles sont rectangulaires entre elles. En principe, elles le sont encore avec la troisième force ou la force *absolue*, qui doit se servir de leur ministère; mais comme, pour en venir là, cette troisième force doit préalablement s'être (avec leur agrément sans doute) immiscée sur leurs domaines respectifs, nous n'en saurions regarder l'exercice accidentel comme étranger à ces mêmes domaines, et nous pouvons dire en conséquence que cette troisième force se glisse ou fonctionne là sous forme, non d'axe, mais de *rayon*. Mais ce rayon ne s'adapte évidemment à *chacune* des deux forces auxiliaires *rectangulaires* qu'autant qu'il s'étend ou prend sur leur direction ; et par suite il est facile d'entrevoir que la *plénitude* de superposition ne doit pouvoir s'opérer qu'alternativement pour chacune, puisqu'elles sont rectangulaires. Alors, que doit-il arriver, quand l'exercice rayonnant de la force *absolue* se sépare de l'une des deux forces *relatives* d'abord préférée, pour convoler vers l'autre? Il arrive, alors, que la force *absolue*, changeant (par hypothèse) *graduellement* de relation, *continue* d'influencer celle des deux forces relatives qu'elle quitte en même temps qu'elle *commence* ou *continue* d'influencer celle vers laquelle elle se porte, **en raison de sa projection sur elles.** Ainsi, plus le rayon tournant, *v.g.*, de la direction orientale à la septentrionale, aura tourné par hypothèse dans ce sens, plus sa projection sur la direction orientale décroîtra, mais plus, du même coup, sa projection sur la septentrionale deviendra considérable, jusqu'au moment de plénitude, et par là même d'un divorce nouveau. Ce n'est pas tout: continuant à raisonner *à priori*, nous pouvons aller plus loin et comprendre, par exemple, que, originairement plus captivée par la force auxiliaire *sollicitante* que par la *déterminante*, la force *absolue* s'y livre intemporellement tout entière, dans la mesure voulue néanmoins par la déterminante; c'est pourquoi, comme passant la première en exercice actif, la force *sollicitante* prend le nom de *positive*. Il est vrai que, incontinent, cette même force doit s'affaiblir; mais, si elle s'affaiblit, c'est au profit de l'autre force, qu'elle accroît à ses dépens, et que, par conséquent, elle continue de traiter de fort à faible ou de *masculin* à *féminin*, jusqu'à sa propre extinction entière, après quoi survient l'alternation des rôles, mais comme dans un monde nouveau; car le *féminin* ne l'emporte à son tour sur le *masculin* que quand ce dernier a tourné de lui-même (irrévocablement ou non) au négatif.

Nous nous sommes appliqué, dans tout ce que nous venons de dire, à ne mettre en jeu que des forces actives ou passives *linéaires, rectangulaires, croissantes* ou *décroissantes* et *révolutives*, sans faire directement appel — pour la démonstration de notre thèse sur l'actualité des rôles *masculin* et *féminin*, — aux lignes trigonométriques. Introduisons maintenant ces lignes dans notre construction, et nous verrons qu'elles se prêtent à rendre admirablement les mêmes vues. Ainsi, l'on admet en Trigonométrie l'existence (facilement universalisable, d'après la théorie des cristaux) d'un centre-focal rayonnant *circulairement*, par exemple, de l'Est au Nord, mais à partir d'une *direction* déterminée, que l'on regarde, à son bout périphérique, comme l'*origine* de l'arc tracé par l'extrémité du rayon changeant de siége et tournant. Et, quand le rayon est originairement couché dans cette première direction, ce siége est déterminé comme une ligne de longueur égale à lui, *sui generis*, appelée *cosinus*. Mais, comme le rayon est censé tourner immédiatement, il ne s'identifie qu'un moment (sous forme de quadrature 1^2) avec cette ligne fondamentale, et dès le second instant il n'anime plus la même direction qu'en raison de sa projection sur elle; et, pour en suivre le raccourcissement, on tire de l'extrémité du rayon tournant une normale[1]

---

[1] Le point variable et fictif (non central mais focal) de rencontre entre le cosinus et le sinus rectangulaire, peut être

au cosinus, qu'on appelle sinus, et qui croît comme le cosinus décroît, jusqu'à ce qu'enfin elle devienne à son tour égale au rayon couché sur elle; après quoi le sinus décroît, et le cosinus reprend mais devient négatif.

Nous avons donc réellement ici, dans le *cosinus*, le *sinus* et le *rayon*, trois lignes trigonométriques reproduisant exactement, sans la moindre modification, tout ce que nous disions tout à l'heure. D'abord, le rayon, très-indépendant et même invariable en principe, agit néanmoins par le fait très-diversement, par alternante complication avec les deux forces auxiliaires *rationnellement* ordonnées comme simultanée et successive à la fois; et ces deux forces sont représentées par le cosinus et le sinus. Puis, comme le cosinus et le sinus offrent cette singulière propriété de ne s'exclure (en temps *réel*) qu'à leurs limites et de coexister entre ces limites avec mutuel échange de grandeur ou d'état, les mêmes forces dont ils sont

regardé comme le lieu même du changement subit de la force centripète en force tangentielle. Est-ce qu'il n'y aurait pas, là, matière à plusieurs utiles réflexions ?....

la figure doivent nécessairement passer par de semblables phases et subir une égale interversion de rôle. Mais ces rôles d'agents *alternants* et *concourants* tout à la fois — et par là même essentiellement corrélatifs comme les deux genres *masculin* et *féminin*—ne paraissent point susceptibles d'autre dénomination; et, tandis que le rayon y concourt *identiquement* de son côté dans les deux cas, il doit être nécessairement exempt de cette opposition de caractères relatifs, et par là même *neutre*. Donc les trois forces ici représentées par le *cosinus*, le *sinus* et le *rayon*, partagent ce triple mode de représentation avec les trois genres *masculin*, *féminin* et *neutre*, auxquels elles se réfèrent. L'expression trigonométrique de ces trois genres, identique à celle des mêmes forces, est alors la formule connue :

$$\alpha) \qquad \cos^2 a + \sin^2 a = 1^2.$$

13. Arrêtons-nous un moment à comparer les termes de cette formule avec ceux de la formule du même ordre (l'*angélique*) du § 6. Dans ce *dernier* cas, les termes de second degré sont représentés par des expressions telles que

β) $\cos a \sin (1 - a)$, $\sin a \cos (1 - a)$;

et, là, l'identité est *réelle*, quand la distinction n'est qu'*imaginaire*, comme venant directement de l'infini. Dans le cas précédent, au contraire, l'unité n'est que *formelle*, et la différence est *réelle*, tout autant que (comme nous l'avons dit) *chacun* des deux termes $\cos a$, $\sin a$, n'arrive à la duplication ou quadrature qu'à la faveur du *rayon* couché sur eux et *relativement* leur égal par simple accommodation ou *projection*. Mais, dans ce premier cas moins général que le dernier β), le *rayon* facteur dans les produits $\cos^2 a$, $\sin^2 a$, apparaît autant contenu comme élément ou terme, que contenant comme générateur ou puissance, ainsi qu'on peut s'en convaincre en construisant la figure avec des côtés égaux à $\sqrt{\frac{1}{2}}$, quand la valeur du rayon résultant est $=1$; et l'on peut maintenant imaginer un troisième cas de plus grande réduction encore, où le contenu ne sera plus contenant, mais seulement contenu. Ce troisième cas est celui qui nous donnera le deuxième groupe de termes relatifs père, mère, enfant, sous la forme de l'équation :

$$\gamma) \qquad \cos^2 0° + \sin^2 90° = 2.$$

Ici, la Résultante n'est plus puissance génératrice (comme l'est le Rayon absolu dans le cas précédent), mais seulement Résultante. Au contraire, les deux termes cosinus et sinus, qui dans le cas précédent n'intervenaient que comme relatifs, fonctionnent actuellement comme absolus, égaux à 1.

Leur emploi simultané se justifie par ce que nous avons dit à ce sujet, § 9. Ainsi, quand la Résultante, égale à 1, s'identifie complétement avec le rayon absolu, le cosinus et le sinus, égaux chacun à $\sqrt{\frac{1}{2}}$, sont partiels ou relatifs, et, quand le cosinus et le sinus, égaux chacun à 1, sont absolus, la Résultante est partielle et relative sous la forme $\sqrt{2}$. Ce dernier cas étant celui dont il s'agit présentement, voyons ce qui s'y passe. Le cosinus et le sinus absolus y représentent deux forces absolues; ils y fonctionnent, en qualité d'absolus et d'après ce que nous savons déjà (§ 12), comme *masculin* et *féminin*;

ils y sont de plus générateurs, puisqu'ils y mettent à jour une Résultante toute passive à leur égard; et cette Résultante engendrée ne reste pas — entre eux comprise — dans le giron du cercle, mais fait saillie au dehors. En pareille circonstance, il n'y a point de dénomination plus propre à désigner les deux producteurs et le produit que celle de *père, mère, enfant*. Donc les trois lignes trigonométriques cosinus, sinus et résultante, sont des types naturels de ces trois mêmes termes.

14. Les types trigonométriques des trois termes *principe, fin* et *moyen*, sont formés par des groupes de lignes tels que

$$\delta) \qquad \frac{\cos a}{\sin a} = \cot a, \quad \frac{\sin a}{\cos a} = \tang a.$$

Rappelons-nous en effet, ici, les définitions usuelles de la Multiplication et de la Division, où l'on dit : La Multiplication est une opération qui a pour but de trouver un terme appelé Produit, qui soit au Multiplicande comme le Multiplicateur est à l'unité. — La Division est une opération qui a pour but de trouver un terme appelé Quotient, qui soit en tel rapport avec l'Unité que le Dividende avec le Diviseur.

D'après ces deux définitions, le terme moyen par excellence, connu dans un cas et cherché dans l'autre, est le terme comparé avec l'Unité, car c'est celui qu'on peut et doit poser comme exactement équivalent au Rapport des deux autres. Or, on ne conçoit point de Rapport sans termes corrélatifs que l'on compare et dont on apprécie l'écart à l'aide du terme moyen, comme partant de l'un pour aller à l'autre, et, par conséquent, ayant en l'un son *principe* et dans l'autre sa *fin*. Et les deux termes extrêmes ainsi constitués, avec leur accompagnement obligé du *moyen* de transition de l'un à l'autre, nous sont notoirement offerts dans les relations trigonométriques de la forme

$$\frac{\cos a}{\sin a} = \cot a, \quad \frac{\sin a}{\cos a} = \tang a.$$

Donc ces formules sont des types naturels des trois termes *principe*, *fin* et *moyen*.

15. Avant d'expliquer comment les lignes trigonométriques représentent les trois degrés d'*essence*, de *mode* et d'*accident*, il est indispensable de dire : d'abord, ce qu'il faut entendre par ces trois expressions; puis, comment varient ou se différencient les mêmes lignes.

Un Absolu, quoique *absolument* invariable, peut être *relativement* changeant. Ainsi, par exemple, la Force vive par laquelle une planète se meut sur sa trajectoire, reste (d'après le principe des aires) absolument invariable, alors même que, aux différents points de la course, le mouvement n'en est point uniforme et varie sans cesse. Quand, maintenant, un Absolu *radicalement* invariable ne laisse point de varier de *fait* en exercice relatif, ou il varie *subjectivement* comme principe d'action par la liberté qu'il a de la régler, ou il ne varie qu'*objectivement* en subissant en apparence des changements auxquels il reste néanmoins étranger, ou bien il varie tout à la fois *objectivement* et *subjectivement*. S'il varie *subjectivement*, à l'instar, par exemple, de la Force vive $M V^2$ chez laquelle la diminution d'un facteur se compense incessamment par un accroissement proportionnel de l'autre, la variation réelle n'en atteignant pas le fond, ce fond invariable, absolu, prend le nom d'*essence*. S'il ne varie qu'*objectivement*, à l'instar, par exemple, de la lune, qui nous présente des phases qu'elle n'éprouve pas réellement, la variation objective n'est qu'une apparence tout à fait étrangère à la réalité présumée la subir; et pour l'être sensible ou représentant affecté de cette pure apparence, le phénomène prend le nom d'*accident*.

Supposons actuellement, au contraire, que l'Absolu varie tout à la fois *objectivement* et *subjectivement*, en ce que, subjectivement actif, il provoque une apparition objective qui réagit sur l'action subjective et la modifie, de manière à provoquer une nouvelle apparition objective réagissant de nouveau sur l'action subjective pour la modifier encore, et ainsi de suite indéfiniment : alors, l'exercice de l'Absolu se composant à la fois d'actif et de passif, il s'établit une *loi formelle* quelconque de flux ou de variation, qui présente un vrai caractère de constance ou de fixité, sinon d'invariabilité, d'où vient au phénomène ainsi constitué le nom de *mode*, synonyme d'*habitude* ou de *tendance*. La cristallinité, la végétalité et l'animalité peuvent être proposées en exemples de semblables courants tendantiels et constants, mais pourtant finis et temporels. En définitive, l'*essence* renvoie donc à la *Puissance*; un *mode* est une *tendance*; et l'*accident* est un *fait* pur et simple sans fond ni règle en lui-même.

Les lignes trigonométriques ne varient pas, toutes, de la même manière, quoique leurs variations se correspondent : ainsi, certaines, comme le *cosinus* et le *sinus*, varient de *1* à *0*, ou de *0* à *1* ; et d'autres, comme la *cotangente* et la *tangente*, varient de ∞ à *0*, ou de *0* à ∞. Le *rayon* en lui-même est toujours, en principe et de fait, égal à *1*. La *résultante* varie singulièrement, suivant la manière de concevoir la variation du cosinus et du sinus, indifféremment praticable sur les types opposés des deux mouvements *uniformément* ou *diversement* variés[1];

---

[1] Quelques mots seulement là-dessus. Les distances des corps célestes et terrestres, toutes *relatives*, ne sont qu'ima-

mais le plan de cet écrit ne nous permet point d'approfondir cette question. Nous ferons seulement observer, après ces généralités, que, en nous donnant ces notions, les mathématiciens n'ont pas le moindre soin de les compléter en ajoutant à la connaissance des *rapports* mutuels des lignes trigonométriques celle de leur *origine*.

ginaires, puisque leurs limites *absolues*, variables *à l'infini*, le sont ; donc les calculs artificiellement institués pour mettre en harmonie l'*origine* et la *fin* des mouvements observés ne sont aussi qu'imaginaires. L'homme calcule ses idées ou sur ses idées, et la seule concordance des résultats des calculs avec les observations lui en démontre alors l'exactitude. Mais les êtres, objets des idées, sont conçus en deux états bien différents, suivant qu'on les imagine à la *seconde* ou à la *première* puissance. Car, existant, par exemple, à la *seconde* puissance, ils ne varient régulièrement que de la *seconde* à la *première*, et se conservent ainsi *radicalement* (en leur *base* ou *module*) intacts, quand, existant à la *première*, ils varient de 1 à 0, ou du tout au tout ; c'est pourquoi les mouvements en sont *uniformément* variés dans le premier cas, et *diversement* variés dans le second. Ces derniers sont, en apparence, les plus exigus et presque nuls ; mais on sait par la théorie des logarithmes que, malgré leur exiguïté relative, les progressions par différence ne sont pas incapables de marcher de pair avec les progressions par quotient.

Cette dernière connaissance peut bien, toutefois, n'être pas indifférente.

Les lignes *intra-circulaires* sont aux *extra-circulaires* comme le réel à l'apparent, ou le noumène au phénomène : elles dérivent donc les unes des autres, et nommément les dernières des premières, comme l'apparence de la réalité. Le réel est actif, puisque la réalité même est l'*activité*. Le phénomène n'est point, de son côté, la *passivité* ; mais il implique toujours un être passif chargé de le représenter, et la fonction de ce dernier être est alors l'*intelligence*. L'intelligence est, à son tour, à l'Activité même, comme la *représentation* est à la *vitesse*, puisque l'Activité passant en exercice ne peut éviter de s'accompagner d'*intensité*, c'est-à-dire, de plus ou moins de rapidité dans l'exécution. Quand, donc, l'Activité se pose en relation, si elle est *infinie*, ses actes *objectivement* infinis sont *subjectivement* simples... Mais ils sont ou restent bien *objectivement* infinis, en *longueur* au moins. L'intelligence qui survient alors pour les représenter en les prenant par le flanc (§ 9), les représente aussi couchés transversalement sur leur première direc-

mais le plan de cet écrit ne nous permet point d'approfondir cette question. Nous ferons seulement observer, après ces généralités, que, en nous donnant ces notions, les mathématiciens n'ont pas le moindre soin de les compléter en ajoutant à la connaissance des *rapports* mutuels des lignes trigonométriques celle de leur *origine*.

ginaires, puisque leurs limites *absolues*, variables *à l'infini*, le sont ; donc les calculs artificiellement institués pour mettre en harmonie l'*origine* et la *fin* des mouvements observés ne sont aussi qu'imaginaires. L'homme calcule ses idées ou sur ses idées, et la seule concordance des résultats des calculs avec les observations lui en démontre alors l'exactitude. Mais les êtres, objets des idées, sont conçus en deux états bien différents, suivant qu'on les imagine à la *seconde* ou à la *première* puissance. Car, existant, par exemple, à la *seconde* puissance, ils ne varient régulièrement que de la *seconde* à la *première*, et se conservent ainsi *radicalement* (en leur *base* ou *module*) intacts, quand, existant à la *première*, ils varient de *1* à *0*, ou du tout au tout ; c'est pourquoi les mouvements en sont *uniformément* variés dans le premier cas, et *diversement* variés dans le second. Ces derniers sont, en apparence, les plus exigus et presque nuls ; mais on sait par la théorie des logarithmes que, malgré leur exiguïté relative, les progressions par différence ne sont pas incapables de marcher de pair avec les progressions par quotient.

Cette dernière connaissance peut bien, toutefois, n'être pas indifférente.

Les lignes *intra-circulaires* sont aux *extra-circulaires* comme le réel à l'apparent, ou le noumène au phénomène : elles dérivent donc les unes des autres, et nommément les dernières des premières, comme l'apparence de la réalité. Le réel est actif, puisque la réalité même est l'*activité*. Le phénomène n'est point, de son côté, la *passivité* ; mais il implique toujours un être passif chargé de le représenter, et la fonction de ce dernier être est alors l'*intelligence*. L'intelligence est, à son tour, à l'Activité même, comme la *représentation* est à la *vitesse*, puisque l'Activité passant en exercice ne peut éviter de s'accompagner d'*intensité*, c'est-à-dire, de plus ou moins de rapidité dans l'exécution. Quand, donc, l'Activité se pose en relation, si elle est *infinie*, ses actes *objectivement* infinis sont *subjectivement* simples... Mais ils sont ou restent bien *objectivement* infinis, en *longueur* au moins. L'intelligence qui survient alors pour les représenter en les prenant par le flanc (§ 9), les représente aussi couchés transversalement sur leur première direc-

tion imaginaire, et par là même *subjectivement*
simples de position, *objectivement* infinis en *largeur*. Mais, alors, il se construit la figure suivante :
le *cosinus* étant égal à 1 et le *sinus* étant encore
égal à 1, tandis que de leur côté la *cotangente*
et la *tangente* sont infinies, la cotangente et la
tangente sont partagées en deux parts, l'une allant
de leur origine respective à leur point d'intersection, et l'autre allant de ce point d'intersection à
l'infini. La première part, toujours égale à 1, fait
face, soit au sinus, soit au cosinus égaux à 1, et
forme avec eux un carré parfait ; la seconde forme,
par ses deux branches infinies, un angle droit
illimité vers le dehors. Est-ce que ce dédoublement ne serait point éminemment significatif ?
Il l'est très-certainement ; mais, pour en comprendre le sens, il faut revenir au cosinus et au
sinus d'où il émane. Le cosinus et le sinus sont
deux choses à la fois : 1° deux *individualités* absolues ; 2° deux *genres* ou quantités variant, soit
de *1* à *0*, soit de *0* à *1*. Ces deux aspects *réellement*
distincts doivent avoir leur *représentation* distincte. Alors, les deux parties si disparates de la
cotangente et de la tangente trouvent à se placer:

5

les parts initiales de ces deux lignes, égales chacune à 1, représentent les *individualités* absolues, indivisibles; et les parts des mêmes lignes, égales chacune à ∞, représentent les *genres* formels, divisibles et variables. Par là, la fonction de toutes les lignes extra-circulaires est donc, en principe ou de fait, déterminée [car il nous sera facile d'en inférer plus tard (§ 19) la signification de la *sécante* et de la *cosécante*, simples acheminements présumés de la Résultante commune].

D'abord, tandis que, d'une part, le *cosinus* et le *sinus* varient inversement entre 1 et 0, d'autre part, la *cotangente* et la *tangente* varient inversement entre ∞ et 0; et ces deux variations comparées sont entre elles comme *réel* et *apparent*, ou mieux encore comme *devenir réel* et *devenir apparent*[1]. Puis, il existe une relation

---

[1] Le devenir *apparent* est constitué par les variations d'*espace*, de *temps* et de *vitesse* sensibles; abstraction faite des variations subjectives ou réelles qui peuvent les accompagner. Quant à la question même des rapports entre les lignes trigonométriques et les notions formelles de l'*espace* et du *temps*, parce qu'elle est une de celles dont la complète résolution impliquerait une étude approfondie des formules de la géométrie analytique entremêlées de fonctions circulaires

plus profonde encore et plus contraire : c'est celle qui nous montre en opposition face à face : d'une part *cosinus* $= 1$ et *sinus* $= 1$, avec *portion* de cotangente $= 1$ et *portion* de tangente $= 1$; et d'autre part, *cosinus* $= \left\{ \begin{smallmatrix} 1 \\ 0 \end{smallmatrix} \right.$, et *sinus* $= \left\{ \begin{smallmatrix} 0 \\ 1 \end{smallmatrix} \right.$, avec variation de *cotangente* $= \left\{ \begin{smallmatrix} \infty \\ 0 \end{smallmatrix} \right.$ et variation de *tangente* $= \left\{ \begin{smallmatrix} 0 \\ \infty \end{smallmatrix} \right.$. Là, main-

(étude à laquelle nous avons dû renoncer présentement, § 4), nous ne pouvons la traiter ici complétement ; mais nous dirons pourtant là-dessus notre pensée. D'abord, en même temps qu'on voit le rayon tourner et décrire des arcs vers la la gauche ou la droite avec des vitesses inégales ou des longueurs quelconques, on représente toujours foncièrement la cotangente et la tangente infinies, et c'est sur elles qu'on projette l'actuelle perception des mouvements. Quand, alors, le mouvement réel s'allonge, par exemple, sur la cotangente, il apparaît forcément se retirer sur la tangente, ou réciproquement ; et c'est de cette opposition entre l'allongement d'une part et le raccourcissement de l'autre, que résulte l'immédiate représentation objective de l'espace sensible. Pour la perception du temps, au contraire, l'attention s'attache de préférence à la perception des actes de changement ou de variation objectivement réalisés. Aussi, la représentation du temps est-elle plutôt interne qu'externe, à la différence de la représentation de l'espace plutôt apparente que réelle.

tenant, les données absolues égales à *1* sont invariables, et par suite *essentielles*. Les données variables entre *1* et *N* sont seulement (en cas de mouvement *uniformément* varié) régulièrement variables, et par suite habituelles ou *modales*. Enfin, les données variables entre ∞ et 0, comprenant toutes celles entre 0 et 1, 1 et ∞, sont dénuées de toute règle ou direction *propre* et descendent par là même à la simple signification de faits absolus ou d'*accidents*. Donc, les lignes trigonométriques, convenablement ordonnées, sont de vrais types des trois degrés d'*essence*, de *mode* et d'*accident* convertibles à leur tour en ceux de devenir *absolu*, d'abord, et *relatif*, ensuite, comme tantôt *subjectivement réel* et tantôt *objectivement apparent*.

16. Dans ce qui précède, nous n'avons jamais cessé de considérer les Personnalités en jeu comme entières, alors même que, les faisant intervenir tour à tour comme sièges de représentation ou de vitesse, nous en variions de toutes manières le fonctionnement respectif tant interne qu'externe.

Maintenant, pour arriver à démontrer les articles 5° et 6° du § 11, nous devons faire cesser cette unité permanente des Puissances en relation, et, les prenant chacune à part, séparer en chacune les deux exercices *objectif* et *subjectif* l'un de l'autre, pour ne considérer d'abord que le subjectif seul, puis l'objectif seul encore. Cette division est une sorte de bissection de la Puissance, qui, de réelle, devient par là même exclusivement formelle. Cependant, les deux sections n'en sont pas égales ; car le subjectif tient immédiatement ou de près au réel, et l'objectif n'y tient que médiatement ou de loin. Les trois représentations qui se rattachent immédiatement ou de près au réel sont celles de *volonté*, de *loi* et de *nécessité* (*relative*), car il ne leur manque en quelque sorte que d'acquérir la troisième dimension, pour monter au rang de personnalités absolues.

Les trois représentations ne se rattachant que médiatement ou de loin au réel sont celles d'*acte*, de *motif* ou de *force* (*absolue*), car elles disent encore moins que les précédentes et ne consistent qu'en énonciations de données tout à fait incohérentes, soit entre elles, soit avec le dehors.

Imaginons ici d'abord, non trois Personnalités *absolues* aboutissant chacune au dehors et fusionnant pour ainsi dire alors en elles et Dehors et Dedans, mais trois personnalités *simplement subjectives* ou dépourvues d'objectivité réelle : elles ne sont plus par là même que des personnalités en germe ou en puissance, ou des simulacres de personnalité, faisant, à l'acte près, tout ce que feraient de vraies personnalités. Alors, au lieu de *vouloir* réellement, à l'instar des personnalités réelles, la personnalité fictive que nous considérons se borne à reproduire l'image d'une personnalité qui *veut*, et cette image est l'acte ou l'idée de *volonté*. Par la même raison, la simple disparition de la réalité chez la Puissance qui n'exerce plus le commandement, mais le transmet ou promulgue, laisse en sa place le fait ou l'idée de simple ordre, c'est-à-dire de *loi*. Mais la disparition de la réalité chez la personnalité sujette aux ordres d'autrui doit, au contraire, se traduire (comme il convient dans tous les cas où l'obéissance *spontanée* disparait) par la note de *nécessité* (morale ou intellectuelle, c'est-à-dire) *relative*.

Prenons, après cela, le cosinus, le sinus et leur résultante : nous aurons naturellement : dans le *cosinus* comme premier, le type de la première figure ou de la *volonté*; dans le *sinus* comme second, et par suite aussi comme limité d'un seul côté, le type de la seconde figure ou de la *loi* ; et enfin dans la *résultante* comme troisième et comme limitée de deux côtés ainsi que de derrière, sinon en avant, le type de la troisième figure ou de la *nécessité (relative)*.

Notre cinquième assertion du § 11 est donc à peu près évidente. Mais la sixième ne l'est pas moins.

17. Puisqu'il s'agit ici d'*objectivités pures* (§ 16), séparons complétement par la pensée l'apparent du réel. Une fois complétement distincte ou séparée du réel, l'apparence perd son fond primitif, mais la forme lui reste. Alors, par exemple, la *cotangente*, que déjà nous savons être une intellectuelle reproduction du *cosinus*, tout en n'en retenant pas l'élément virtuel, en

conserve ou représente la forme extérieure. De même, la *tangente*, qui n'est plus le *sinus* auquel elle se réfère pourtant, retient, par ses modes habituels d'accroissement ou de décroissement, la forme du *sinus*. Enfin, la ressemblance entre la *Résultante* et le *Rayon* ne saurait clairement être jamais plus grande que dans la *cosécante* et la *sécante*, superposées et confondues en longueur et direction. Défalquons alors, des trois sortes d'idées *réelles* ou *formelles* déjà trouvées (§§ 14 et 16) pour le cosinus, le sinus et leur résultante, et qui sont : dans l'ordre des *réelles*, le *principe*, la *fin* et le *moyen* ; dans l'ordre des *formelles*, la *volonté*, la *loi* et la *nécessité* (relative), défalquons, disons-nous, de ces trois sortes d'idées, tout fond réel : nous aurons, d'abord dans la classe des *réelles*, pour la forme du *principe* le pur *acte* ; pour la forme de la *fin*, le *motif* ; pour la forme du *moyen*, la *nécessité* (absolue) ; et puis, dans l'ordre des *formelles*, pour la forme de la *volonté*, le *désir* ; pour la forme de la *loi*, le *conseil* ; pour la forme de la *nécessité* (relative), la *force*. Et la même gradation qu'on a lieu de remarquer là dans un cas, se reproduit en l'autre.

Comme on passe de l'*acte* au *motif*, et du *motif* aux *conditions* de l'un et de l'autre, on passe encore du *désir* au *conseil*, et du *conseil* à la *force*. Rien n'est, d'ailleurs, plus nu que le simple *fait*, ni plus fluent que le *désir*. Rien n'est plus impuissant à lier que le *motif*, ni plus facile à rejeter que le *conseil*. Rien n'est plus impulsif au dedans que la *nécessité* (*absolue*), ni plus impérieux au dehors que la *force*. Donc, ici, sous les deux aspects *réel* et *formel*, nous ne nous mouvons point *objectivement* dans deux cercles d'idées, mais dans un seul, où l'on entre par l'*acte*, s'avance par le *motif*, et s'arrête en la *force*. Si nous voulions subdiviser la force physique, nous retrouverions en elle les trois sous-divisions bien plus formelles encore de l'*attraction*, de la *répulsion* et de l'*impulsion* newtoniennes ; et par ce simple aperçu l'on comprendrait peut-être enfin combien ces prétendues forces naturelles sont éloignées de la vraie réalité ; mais ne sortons pas de notre sujet, et contentons-nous d'inférer ici, de ce qui précède : que les lignes trigonométriques sont décidément des types de nos représentations objectives d'*acte*, de *motif* et de *force*, comme elles le sont de nos représentations subjectives de *volonté*, de *loi*, de *nécessité* (*relative*), ainsi que de celles d'*essence*, de *mode* et d'*accident*, etc, etc.; en un mot, de tout.

18. Que cette dernière assertion concernant l'universelle signification des formules trigonométriques n'étonne pas trop le lecteur! Car, si la généralité n'en est point intégralement démontrable en bloc, elle peut l'être par parties. Pour cela, nous reviendrons actuellement, de la considération des détails, à celle de l'ensemble.

Au point de vue *radical* divin, l'Être absolu *sentant*, *représentant* ou *aspirant*, est toujours censé résider subjectivement au Centre *universel* ou *général* des lignes trigonométriques. Au point de vue *moyen*, angélique, l'Être actif est censé commencer à s'étendre, et, quoique toujours (imaginairement au moins) centralisé, résider, en dehors des Centres divins, dans les lignes trigonométriques qui les débordent sous les formes *masculine* et *féminine* de cosinus et de sinus. Au point de vue *rudimentaire* et *définitif* humain, tant les trois Centres divins que leurs deux sous-divisions respectives moyennes de cosinus et de sinus s'imaginarisent à la fois, et leur ensemble se change désormais en un tout singulier ou particulier, exprimé par la résultante $\sqrt{2}$, image de l'Homme.

10. Jusqu'à présent, nous avons considéré cette résultante dans le seul premier quadrant, où elle est *positive*; mais elle peut bien encore être considérée dans le second et le quatrième quadrants où elle est *nulle*, ainsi que dans le troisième où elle est *négative*, prenant ainsi finalement en raison de l'opposition de signe alors régnant *en elle* entre le *premier* et le *troisième* quadrant — les allures ou l'apparence *modale* des deux genres *masculin* et *féminin*. Mais, où le fond manque, cette apparence reste naturellement illusoire; et nous devons être ici bien attentif à remarquer cette différence de fins, parce qu'elle nous met en mesure de constater que la fécondation mutuelle des deux genres masculin et féminin s'opère exclusivement par voie *spirituelle* sans rien devoir aux éléments corporels régulièrement associés par simple concomitance; car les

vrais agents auxiliaires (§ 9) de la fécondation ne sont point les résultantes elles-mêmes, tant positive que négative $\pm \sqrt{2}$, lesquelles ne se multiplient pas, mais seulement les termes carrés, cos^2, sin^2, qui leur servent de fond ou de lien occulte (§ 13). Cependant, comme la sexualité réelle interne se traduit au dehors par les signes des résultantes, il ne sera pas inutile d'en poursuivre ici la manifestation au dehors par ce moyen accidentel d'apparition.

Le changement de signe des résultantes s'observe en transportant le siège des forces *intra-circulaires* et *extra-circulaires*, ou *réelles* et *apparentes*, du premier quadrant, dans les second, troisième et quatrième quadrants. Car, pour lors, tous leurs signes changent alternativement, et l'on a, par exemple, pour les cosinus et les sinus des quatre quadrants, du premier au dernier :

$$\left\{ \begin{array}{l} \cos + \\ \sin + \end{array} \right., \left\{ \begin{array}{l} \sin + \\ \cos - \end{array} \right., \left\{ \begin{array}{l} \cos - \\ \sin - \end{array} \right., \left\{ \begin{array}{l} \sin - \\ \cos + \end{array} \right.$$

Mais les signes des résultantes, sans cesser de dépendre de loin des signes des cosinus et des sinus, dépendent encore, et de plus près, des signes des cosécantes et des sécantes corrélatives, qu'on sait être dans les mêmes circonstances, ou bien du premier quadrant au dernier :

$$\left\{\begin{matrix}\text{coséc} +\\ \text{séc} +\end{matrix}\right., \left\{\begin{matrix}\text{coséc} +\\ \text{séc} -\end{matrix}\right., \left\{\begin{matrix}\text{coséc} -\\ \text{séc} -\end{matrix}\right., \left\{\begin{matrix}\text{coséc} -\\ \text{séc} +\end{matrix}\right..$$

Déjà, dès le § 5, nous avons appris à regarder, en tout cas de concours actuel de cosinus et de sinus, la résultante comme le lieu commun de la cosécante et de la sécante d'alors, superposées. Ces deux dernières lignes, considérées aux points 45°, 135°, 225°, 315°, sont évidemment *égales* deux à deux ; et, comme nous l'avons déjà dit, émises absolument sous la forme *discrète, atomique*, 1', elles ne se prêtent point aux procédés de multiplication ou de division, mais seulement à ceux d'addition ou de soustraction. Tandis que, alors, elles doivent *s'annuler* dans le second et le quatrième quadrants, elles forment une somme toute *positive* dans le premier, et toute *négative* dans le troisième. Et, si nous nous enquérons de leur signification dans ces quatre différents cas, nous trouverons, après avoir admis le premier comme type de *fécondité* réelle, que le second et le quatrième valent comme types de *stérilité*, quand le troisième reste comme signe d'*impuissance* absolue, radicale.

La justification de cette dernière assertion nous fournit une heureuse occasion de combler la lacune que nous avons laissée subsister (§ 15) sur la signification des lignes *cosécante* et *sécante*. Là, cherchant à différencier, d'avec les lignes *intra-circulaires* cosinus et sinus, les *extra-circulaires* cotangente et tangente, nous avons désigné les premières comme figures d'*espèces* ou de *qualités* réelles, et les secondes comme figures de simples *grandeurs* ou *quantités* apparentes. Entre ces deux manières de voir si contraires, n'est-il point possible, alors, d'en insérer une troisième en quelque sorte mixte ou moyenne, comme offrant, par exemple, sinon toute la précision ou la méthode des notions de *volonté*, de *loi*, de *nécessité* (relative), moins de vide ou de vague que les pures notions abstraites d'*espace*, de *temps* ou de *vitesse*? Nous savons bien par la conscience que, sans aboutir expressément au *vouloir*, beaucoup de nos aspirations existent à l'état de *velléités*, comme, à défaut d'*idées*, nous avons des *lueurs*, et, à défaut de *sentiments*, des *sympathies*. Or, à quoi tiendraient alors ces demi-réalités non bien posées encore, si, ne pouvant se rattacher par leur inconsistance aux *couples* de lignes nettement tranchées, soit par leur *plein*, soit par leur *vide* respectif, comme le cosinus et le sinus ou les cotangentes et les tangentes, elle ne se rattachaient à d'autres lignes en quelque sorte hybrides, interjetées solitairement en bandoulière aventureuse, comme toute *cosécante* ou *sécante* singulières, tirées de *commencement* à *fin* de lignes hétérogènes et bizarrement associées, telles que cosinus et tangente, sinus et cotangente?... Comme les cosinus et les sinus ou les cotangentes et les tangentes ont leur signification propre, les cosécantes et les sécantes isolées ont donc aussi la leur, surtout remarquable par l'indécision ou la variabilité de caractère ; mais il ne faut pas oublier que, au lieu de rester ainsi toujours flottantes ou séparées, elles peuvent, après rapprochement et superposition du jeu des cosinus et des sinus, se superposer elles-mêmes ; et pour lors, sont-elles vides ou *négatives*, elles n'aboutissent à rien ; sont-elles au contraire réelles ou *positives*, elles accusent nettement par leur constance et fixité le fond solide et permanent des forces réelles sous-tendantes.

20. Il ne suffit point, cependant, d'avoir réuni des cosinus et des sinus *subjectivement* tout positifs en eux-mêmes et au dehors, pour obtenir des produits réels en tout état de cause ; il faut encore qu'ils soient centralisés dans toutes les conditions requises. La perfection de constitution *subjective* est sans contredit un élément essentiel de la puissance productive ; mais en outre, l'Être radical n'étant pas originairement moins *objectif* que *subjectif*, les deux Sujets relatifs fécondant et fécondable ont besoin, pour aboutir, d'un moyen *objectif* qui les complète, c'est-à-dire et suivant la commune manière de parler, d'un milieu quelconque avec lequel ils entrent en relation et s'identifient réellement. Ce moyen *objectif* est antécédent ou conséquent. Antécédent, il est figuré par le centre du cercle, où aboutissent le cosinus et le sinus. Conséquent, il est figuré par la Résultante émanant, en prin-

cipe ou de loin, du Centre, et en fait ou de près, du cosinus et du sinus. Or, l'assistance du centre-foyer radical peut n'être pas perpétuelle, ou n'arriver au cosinus et au sinus que dans certaines conditions de temps et de lieux. C'est ainsi que, effectivement, il y a, par exemple, pour les animaux, des époques réglées de fécondation ou de reproduction ; et, ce que l'on voit ainsi s'accomplir annuellement dans l'ordre *physique*, peut très-bien arriver de même dans les deux ordres *intellectuel* et *moral*. Donc, en supposant que le Sens radical soit *objectivement* doué d'une certaine vitesse rotatoire généralement très-lente en regard de l'activité secondaire des forces contingentes, toujours d'autant plus pressées d'intervenir qu'elles sont plus faibles ou plus petites, ces forces contingentes peuvent offrir, quoique bien constituées, une certaine périodicité d'actes ou d'effets relatifs correspondants aux phases du monde physique extérieur, et par là même apparaître *objectivement* centralisées, alors même que, très-indépendamment de cette apparente centralisation *objective*, elles en possèdent une autre *subjective* et bien plus réelle suivant laquelle elles font partie de séries d'intensités hiérarchiquement ordonnées sans la moindre connexion avec l'ensemble du monde extérieur.

21. Ici, nous terminerons nos présentes recherches sur la signification rationnelle des lignes trigonométriques. Ce n'est pas qu'on ne puisse les continuer. Car, s'emparant de l'interprétation déjà donnée (§ 19) de la cosécante et de la sécante *isolées* ou *superposées*, on peut en déduire sans peine, par exemple, l'explication de l'origine et de la nature du *mal* moral. Soit, en effet, la sécante, courant seule du pied du cosinus au haut de la tangente, le symbole des puissances matérielles ou du *plaisir* sensible; soit la cosécante allant seule du pied du sinus au bout de la cotangente, le symbole des jouissances formelles ou de l'*honneur* mondain; et soit pareillement la résultante virtuelle de la sécante et de la cosécante superposées, le symbole des pures tendances généreuses ou de la *vertu* morale. Soient, en outre, les deux espèces de jouissances *sensibles* ou *mondaines* confondues sous la commune dénomination de *naturelles*, et toutes les ten-

dances *vertueuses* réunies appelées *rationnelles*. Nous pouvons reconnaître aussitôt : dans le *désaccord* des tendances *naturelles* et *rationnelles*, la raison d'être *éloignée* du mal moral; dans la *prépondérance* du vif attrait des tendances *naturelles* sur la grâce austère des *rationnelles*, sa raison d'être prochaine; et dans l'*assentiment* souvent donné volontairement à cette prépondérance, sa raison d'être *actuelle*, immédiate. C'est pourquoi l'être défectible et défaillant peut être en général défini : celui chez lequel la *cosécante* et la *sécante* isolées ne s'accordant point avec la *résultante* commune, non apparente sans doute, mais virtuellement entrevue pourtant, l'activité volontaire se traduit spontanément, et, par excès ou par défaut, en mouvement arbitraire d'écart sous la forme hyperbolique $V^2 > 4\,PR$.

Mais, évidemment, en entreprenant ces recherches, nous n'avons pu nous proposer de les épuiser tout d'un coup dans un premier essai; nous avons voulu seulement en ouvrir, pour nous et pour les autres, la source intarissable. Sans prétendre par conséquent avoir ici, soit abordé, soit résolu toutes les questions, nous croyons du moins en avoir, soit abordé, soit résolu les principales, et même les avoir résolues comme on ne l'avait jamais fait jusqu'à cette heure. Herder a donc eu raison de dire que de son temps ou qu'en son siècle au plus tard, on verrait la lumière se faire sur les ombres ou les mystères du savoir humain. Mais nous avons eu plus de raison encore d'ajouter, un jour où l'on a paru ne vouloir ni pouvoir nous comprendre, que cette régénération de la science s'opérerait par la seule réforme des méthodes employées, en complétant l'analyse et la synthèse par l'emploi rationnel des formules mathématiques, ou portant le nombre des méthodes de deux à trois : *analyse, synthèse et calcul.*

FIN.

TABLE DES MATIÈRES

	§§
Avant-Propos................................	
Introduction : exposition et réfutation sommaire de la doctrine Herbartienne.........	1
La vraie théorie et ses principes............	2
Possibilité du calcul dans les recherches psychologiques.............................	3
Possibilité du calcul trigonométrique en particulier...............................	4
Application des formules trigonométriques aux trois Règnes divin, angélique et humain...	6
Principes généraux sur les jeux respectifs des forces relatives........................	9
Étude des jeux respectifs des forces relatives dans le premier quadrant................	10
Étude du jeu respectif des forces relatives dans les quatre quadrants................	19
Conclusion.................................	21

FIN DE LA TABLE.

www.ingramcontent.com/pod-product-compliance
Lightning Source LLC
LaVergne TN
LVHW052108090426
835512LV00035B/1321